Emil Friedberg

Ehe und Eheschließung im deutschen Mittelalter - Eheschließung und Ehescheidung in England und Schottland

Zwei Vorträge

Emil Friedberg

Ehe und Eheschließung im deutschen Mittelalter - Eheschließung und Ehescheidung in England und Schottland

Zwei Vorträge

ISBN/EAN: 9783955643270

Auflage: 1

Erscheinungsjahr: 2013

Erscheinungsort: Bremen, Deutschland

@ EHV-History in Access Verlag GmbH, Fahrenheitstr. 1, 28359 Bremen. Alle Rechte beim Verlag und bei den jeweiligen Lizenzgebern.

Ehe und Eheschließung

im

deutschen Mittelalter.

Eheschliessung und Ehescheidung

in

England und Schottland.

Zwei Vorträge

gehalten

von

Dr. Emil Friedberg,

Docent der Rechte an der Universität zu Berlin.

Berlin, 1864.

Vorwort.

Freunde haben geglaubt, daß die beiden Vorträge, welche ich über Eheschließung gehalten habe, dem Druck übergeben werden dürften.

Nicht für Fachgelehrte, sondern vor gemischtem Publikum wurden sie gehalten, und nicht für Fachgelehrte sind sie im Druck bestimmt; darum lehnen sie den Anspruch ab, als Bereicherung der Wissenschaft zu gelten.

Einzelne Wiederholungen, welche die Schilderung des mittelalterlichen deutschen in der des gleichzeitigen englischen Rechts erhalten hat, finden darin ihre Erklärung, daß beide Vorträge nicht vor denselben Hörern gesprochen wurden, und daß das englische Recht mit dem deutschen doch auf gleicher Grundlage ruht.

So kann der einen kleineren Zeitraum umspannende erste Vortrag durchweg zur Ergänzung des zweiten dienen.

Berlin, im März 1864.

Emil Friedberg.

Ehe und Eheschließung im deutschen Mittelalter.

Vortrag gehalten am 18. Februar 1863 zum Besten des germanischen Museums.

Ich will über Ehe und Eheschließung im deutschen Mittelalter zu Ihnen sprechen.

Doch bevor ich das thue, muß ich mit kurzen Zügen die Lage der deutschen Frauen des Mittelalters im Allgemeinen kennzeichnen, da nur von dieser Grundlage aus sich die deutsche Familie, die deutsche Ehe begreifen und construiren läßt.

Wie bei allen Naturvölkern, finden wir auch bei den Deutschen die Frauen in einem Abhängigkeitsverhältniß zu den Männern. Schon das geltende Recht der Selbsthülfe mußte für das schwächere Geschlecht in dem stärkeren einen Schutz hinstellen, wie ja auch die Unmündigen und Waffenunfähigen in den streitbaren Männern ihre Vertreter fanden.

Es war natürlich, daß diese Vormundschaft mit der väterlichen Gewalt sich vereinigte und identificirte, daß sie in der väterlichen Familie bis auf das letzte männliche Mitglied sich vererbte, und daß sie endlich dem Mann übertragen wurde, in dessen Familie die Frau als Gattin neu hineintrat.

In diesem rechtlichen Rahmen tritt uns das Bild der deutschen Frau des Alterthums und Mittelalters entgegen, und aus diesen rechtlichen Zügen erkennen wir, daß die so gepriesene, und mit Recht gepriesene Stellung der deutschen Frauen jener Zeiten, sich wesentlich von der unterscheidet, welche sie in unseren Tagen einnehmen.

Die Frauen genossen die Achtung, die schonungsvolle Behandlung, die man einem geistig starken, vielleicht geistig überlegenen, aber körperlich hülfsbedürftigen Wesen schuldig zu sein glaubte. — Ja die germanische Nationalität trat damit in einen sichtbaren Gegensatz zur Kirche, welche die orientalische Mißachtung des Weibes, den alttestamentarischen Priesterstandpunkt in der ängstlichen Scheu aussprach, womit sie jede Annäherung der Frauen an das Altar, jede Berührung heiliger Gefäße und Gewänder durch weibliche Hand als Entweihung betrachtete.

Dennoch aber concentrirten die Frauen nicht das geistige Leben der Nation, sondern ihr Wirken war auf den kleinen Kreis des Hauses beschränkt, die Persönlichkeit des Weibes ging ganz in die des Mannes auf.

Ja schon äußerlich zeigte sich diese Anschauung. Sie führte auch in Deutschland zu der Sitte, daß die Frau dem todten Gatten in das Jenseits folgte, gleichsam wie der Leib seine Lebenskraft verliert und abstirbt, wenn das Haupt gefallen ist. —

Wenn wir jetzt nach dem Charakter der väterlichen

oder eheherrlichen Gewalt fragen, welcher die Frauen unterworfen waren, so unterscheiden sich auch darin die Deutschen wenig von den Völkern des klassischen Alterthums.

Es war ein wildes, zu Gewaltthätigkeiten geneigtes, dem Spiel und Trunk hingegebenes Volk; allein der Krieg galt für eine des Mannes würdige Beschäftigung, allein auf dem Schlachtfelde oder beim Gelage fühlte der Mann sich wohl; wo sollten da die feinen Formen herkommen, die man der Frauenverehrung unserer Vorfahren beilegen will, wo die zarte Innigkeit, die man von dem späteren Begriff der Minne auf diese Zeiten zu übertragen pflegt?

Der Vater konnte sein Kind gleich nach der Geburt aussetzen, er konnte es in die Sklaverei verkaufen; und wenn auch das erstere Recht durch den Einfluß des Christenthums mehr und mehr abgeschwächt und zuletzt zum Verbrechen gestempelt wurde, so sagt doch noch Geiler von Kaisersperg, der berühmte Prediger des fünfzehnten Jahrhunderts: „Der vatter in hungersnot mag er den sun verkaufen und sunst nit; die muoter mag den sun nit verkaufen, sie leid hunger oder nicht."

Die Kinder waren nach der Anschauung jener Zeiten ein Kapital, und bis zu ihrem Heranwachsen ein todtes, über das dem Herrn und Vater zu schalten freistand. Es war eine Art von geschäftlicher Berechnung, die ihn antrieb, den „gliedmäßig" geborenen Sohn aufzuerziehen zum Nutzen und Frommen, zum Ruhm des Hauses, der ihn veranlassen konnte, sich der neugeborenen Tochter zu entledigen, als einer freudelosen, mühevollen Last, oder der ihn bei größerer Gesittung wenigstens bewegen mußte, ihr eine Erziehung zu geben, daß sie im beschränkten, häuslichen Kreis nützen und wirken konnte.

Wenn wir aber mit diesen Befugnissen des Vaters die des Ehemannes vergleichen, so finden wir sie einander völlig gleich. Auch er durfte sein Weib tödten, verkaufen, züchtigen.

Freilich treten uns die erstgenannten Rechte des Ehemannes nur in alten nordischen Sagen entgegen, und schon damals zogen eblere Frauennaturen den Tod solchem Menschenhandel vor: aber Spuren davon sind noch heute in England erkennbar, wo ja unter dem gemeinen Volk die, wenn auch selten geübte, aus Rechtsunkenntniß entspringende Unsitte herrscht, daß der Mann seine Frau auf den Markt bringt und verkauft oder gar vertauscht und dadurch, wenngleich irrthümlich und leider straflos, das Band der Ehe zu lösen glaubt.

Das eheherrliche Züchtigungsrecht aber hat lange Jahrhunderte in ungeschwächter Kraft fortbestanden und hat seine Ausläufer in den Rechtsbüchern unserer Tage.

Es sei mir gestattet, auf diesen Punkt näher einzugehen, und wenn ich auch Gefahr laufen sollte, eine

Illusion meiner Zuhörerinnen in Bezug auf das deutsche Alterthum und Mittelalter zu zerstören, so bin ich doch durch die historische Treue genöthigt, auf Züge aufmerksam zu machen, die der Ehe ein eigenthümliches Gepräge gaben, und so kann ich doch auch im Gegensatz dazu auf die sittliche Tüchtigkeit hinweisen, die den deutschen Eheverhältnissen von jeher zu Grunde lag.

„Man soll so Frauen ziehen, sprach Siegfried der Degen,
Daß sie üppigliche Sprüche lassen unterwegen"

so heißt es im Niebelungenlied, und daß die Vorschriften des edelen Recken nicht bloße Theorie waren, davon zeugen die klagenden Worte Chriemhildens:

„Auch hat er so zerbläuet darum meinen Leib."

„Ziehe deine Freundlichkeit aus, sagt der Minnesänger Reimar von Zweter, und greife nach einem großen Knittel, den miß' ihr auf dem Rücken, immer besser und besser, mit aller Kraft, daß sie dich als Meister erkenne, und ihre Bosheit vergesse."

Noch spätere Stadtgesetze wie das Hamburger vom Jahre 1497 geben genaue Bestimmungen über das Züchtigungsrecht des Mannes. —

Hinwider soll auch der Mann, so verlangen es wenigstens die Sittenrichter jener Zeiten, nicht als hartherziger, eigenwilliger Tyrann auftreten.

„Höre, lieber Mann, so sagt Grieshaber in einer Predigt, Eva ward nicht gemacht aus einem Fuße. Das bedeutet, daß du deiner Ehefrau nicht schmählich begegnen, noch sie unter deine Füße treten oder werfen sollst. Das thut nun mancher freilich nicht, allein er behandelt seine Wirthin in Allem gering und spricht sie niemals freundlich an. Eva ward auch nicht aus dem Haupte gemacht; das bedeutet, daß die Frau nicht über ihrem Manne sein soll. Woraus ward sie denn gemacht? Sieh', sie ward aus seiner Seite gemacht; daran sollen wir merken, daß der Mann seine Wirthin recht habe als sich selbst und als seinen Leib. Es soll recht sein ein Leib und zwei Seelen."

Und wenn wir noch eine Stimme aus dem Reformationszeitalter hören wollen, so sagt Bullinger in seinem Büchlein vom Ehestande:

„Mißfällt dir auch etwas, so rede frey und vernünfftiglich mit deinem Ehegemal, daß er sich das und das abthue. Ist vernunfft da, so wirds erschießen. Mit der Fauſt erlangen wir nicht allewege und bei jedermann alles, das wir gern hätten. Hinwiederumb so hat die Züchtigung dennoch auch jre Zeit und örte." —

Nachdem wir so die Stellung der Frauen des Mittelalters betrachtet haben, wollen wir jetzt zur Eheschließung übergehen, als dem Akte, der den Uebergang der väterlichen Rechte auf den Ehemann bewirkt.

Es ergiebt sich aber aus der ganzen bisher geschilderten Lage der Frauen, daß von einer freien Gattenwahl ihrerseits keine Rede sein konnte.

Der Vater gab die Tochter eben dem Manne, der ihm der geeignete zu sein schien, verlobte und versprach sein Kind häufig zu einer Zeit, wo dasselbe, selbst wenn es gestattet gewesen wäre, seinen Willen nicht hätte offenbaren können.

> „Eine Hochzeit sie begingen,
> Brautlauf sie empfingen,
> Mit den zwei'n jungen Kinden,
> Eine Eh' sie wollten binden,
> Festen und stärken."

so heißt es von der heiligen Elisabeth und dem Landgrafen Ludwig von Thüringen; und doch war sie erst in ihr viertes Jahr getreten und er in sein zwölftes: wo sollte da von Wahl die Rede sein?

Aber wenn auch dergleichen frühe Heirathen, wenigstens in älterer Zeit, Ausnahmen waren und meist der Dreißigjährige die Dreißigjährige heim führte, so forschte doch auch ein solcher Freier nicht sorgfältig, ob er der Zuneigung des Mädchens seiner Wahl sicher wäre; er maß mit nüchternem, verständigem Blick, in der Art, wie es noch heute unsere Bauern thun, die Vortheile und Nachtheile der beabsichtigten Ehe gegen einander; er suchte keine Liebe und bot keine; er verlangte eine Wirthin für sein Haus, eine Herrin für seinen Hof, eine Mutter für seinen Stamm; er gewährte ihr dafür Schutz und Frieden: — er ließ wesentlich seinen Verstand thätig sein, das Herz sprach nicht zum Herzen.

Es wäre jedoch thöricht zu behaupten, daß alle Ehen der Zeit ohne Liebe geschlossen wären; aber selbst die Liebe jener Tage war eine kernige, mannhafte, auch von Seiten des Weibes; — sie war das bewußte, sichere Hingeben der Frau zum Manne, mit all' der Unterwürfigkeit, die Recht und Sitte gebieterisch von ihr verlangten.

Gerade aber diese reale Seite der Eheschließung, der Inbegriff von werthvollen Rechten, der vom Vater oder Vormund auf den Ehegatten überging, mußte nothwendig zu einer Entschädigung führen, die der letztere dem ersteren zu leisten hatte.

Fortan sollte die Tochter nicht mehr im Haushalt ihrer Eltern thätig sein, nicht mehr die Spindel für das väterliche Haus führen, fortan hatte der Vater nicht mehr die Befugniß, sie zu verkaufen.

Alle diese Vortheile genoß jetzt der Ehemann, und um sie zu erwerben, mußte die Frau selbst ihm zu eigen werden, mußte er die Frau kaufen.

Es läßt sich aber ein derartiger Frauenkauf, der den Deutschen in älterer und neuerer Zeit als Zeichen besonderer Rohheit vorgeworfen ist, nur aus wenigen, schwachen Ueberresten erkennen. Denn wenn auch die Gesetze, Chronisten und Dichter alle mit Uebereinstimmung den Brautkauf erwähnen, so hat sich doch überall die idealere Anschauung Bahn gebrochen, daß nicht die Person der Frau selbst verkauft, verhandelt werde, sondern nur die dem Vormund ihr gegenüber zustehenden Rechte.

In diesem Sinne wurden die aus der Vormundschaft fließenden pekuniären Vortheile in festen Summen taxirt, die dem Vormund gezahlt werden mußten, in diesem Sinne ist die noch im späten Mittelalter vorkommende Redensart zu verstehen: „Er keufte sich ein Weib."

Der Vormundschaftskauf aber, oder um den technischen Ausdruck zu gebrauchen — der Mundkauf — war für die Eheschließung wesentlich, so daß es beispielsweise bei den Alamannen und Baiern dem Vormund frei stand, die Ehen, bei denen kein Mundkauf stattgefunden hatte, nach Belieben wieder aufzulösen und eine Buße zu fordern, während andere Volksrechte sich mit der letzteren begnügten.

Das sind die ursprünglichen, rohen und trotz ihrer Starrheit des sittlichen Gehaltes nicht entbehrenden Formen der deutschen Ehe, die dann aber allmählich von den Wogen der Civilisation geglättet, abgeschliffen und umgeformt wurden.

Ich habe schon vorhin darauf aufmerksam gemacht, daß auch die Natur der väterlichen und eheherrlichen Gewalt durch den Einfluß der Kirche und der durch sie verbreiteten Gesittung tiefgreifende Veränderungen erfahren hatte. Je mehr das aber der Fall war, je geringer der Umfang der vormundschaftlichen Rechte wurde, desto mehr mußte der Werth der Vormundschaft sinken, und wenn auch, nachdem die Sündfluth der Völkerwanderung ausgetost hatte, und die Völkerströme ihr ruhiges Bett gefunden, der wahre Werth des Weibes für Friede und Häuslichkeit erst recht erkannt werden konnte, so führte doch diese Erkenntniß selbst unmittelbar und nothwendig eine größere Emancipation der Frauen mit sich.

Als eine solche haben wir es aufzufassen, wenn dem Vormund das Zwangsrecht zur Verlobung genommen wurde, wenn die Gesetze der Franken, Sachsen, Langobarden, den nordischen Völkerschaften darin ähnlich, die Selbstständigkeit des Weibes wahrten.

Wer seine Tochter gegen ihren Willen verheirathet, sollte das Leid, das ihr dadurch widerfahren könnte, selbst zu büßen haben, als habe er es selbst ihr zugefügt.

Dennoch aber war es gute deutsche Art, daß das Mädchen bei dem wichtigen Schritte seiner Verlobung durch elterlichen und freundschaftlichen Rath geleitet werde. Ein Mädchen, das keine Eltern hat, sagt der Ritter Ulrich von Lichtenstein in seinem Frauenbuche, folge der Freunde Rath; will es sich selbst dem Manne geben, so mag es wohl mit Schande leben. Und so sind denn auch vielleicht die schweren Strafen zu erklären, mit denen Frauenraub und Entführung gesühnt werden sollte, während man doch eigenthümlicher Weise geneigt war, darin die ursprüngliche Form der Eheschließung zu erblicken, aus dem Frauenraub das Gebäude der deutschen Ehe aufzuführen, gleichsam wie Rom aus dem Raube der Sabinerinnen erstand.

Flieht der Räuber mit der Frau zur schützenden Kirche, so soll der Richter, nach friesischem Recht, die Häuser, welche er auf der Flucht betreten und die so Schauplätze des Verbrechens gewesen waren, verbrennen lassen, die Kirche erbrechen und den Räuber zu harter Strafe ziehen.

Auch die Frau, die in die Entführung willigte, machte sich nach germanischem Recht einer unrechten Handlung schuldig und Strafe werth.

Dennoch waren die Entführungen im Mittelalter in Leben und Dichtung zahlreich. Die Gesetze, wenn auch hart im Wort, waren meist zu schwach, die Kraft des Mannes meist zu groß, die Lust an Gefahren zu verbreitet, als daß nicht kühne, ritterliche Gemüther eine derartige Freiung dem nüchternen, hausbackenen Werben bei Eltern und Freunden vorgezogen hätten.

Aufmerksam machen aber muß ich hier auch auf die eigenthümliche, mittelalterliche Erscheinung, daß die Fürsten und Herrscher häufig und unter einem rechtlichen Titel als Freiwerber für ihr Hofgesinde auftraten.

Gefiel einem fürstlichen Bediensteten eine Jungfrau, oder einem Hoffräulein ein Jüngling, so sandte der Fürst seinen Marschall in das Haus und ließ werben, und es war das eine Werbung, die keinen Widerspruch und keine abschlägliche Antwort kannte;

„Höret zu ihr Herren überall,
Was gebeut der König und Marschall,
Was er gebeut, und das muß sein:
Hier ruf ich aus N. N. mit N. N.,
Heut zum Lehen, Morgen zur Ehen:
Ueber ein Jahr zu einem Paar."

so lautet der Vers, den der kaiserliche Marschall in Frankfurt am Main vor dem Hause der umworbenen Person sang.

Bis in's sechszehnte Jahrhundert hinein lassen sich die Spuren dieses Unwesens verfolgen, während eine große Zahl von Urkunden uns den Beweis liefert, wie eifrig sich die Städte solcher Beschränkung und Mißachtung der freien Persönlichkeit zu entziehen suchten.

Ein weiterer Fortschritt der Civilisation aber war es, daß die für die Braut zu zahlende Summe nicht mehr dem Mundwald gegeben wurde, sondern sei es mittel=, sei es unmittelbar der Braut selbst als Wittwenversorgung zukam, daß endlich die Bedeutung des Mundkaufes mehr und mehr schwand und uns statt dessen nur noch ein symbolischer, ein Scheinkauf entgegentritt, von dem in Sagen und Gebräuchen heutiger Tage noch Anklänge zu finden sind.

So wie aber der Mundkauf nur noch als Symbol auftrat, als Zahlung eines Solidus und eines Denars bei den Franken, war auch Gelegenheit gegeben, daß die Kirche an Statt der Geldstücke ein anderes Symbol in Deutschland einführte, das bis auf unsere Tage als das sinnigste und schönste beibehalten ist — den Trauring.

Der Trauring ist ursprünglich ein römisches Symbol, das von den ältesten Zeiten an bei Hochzeiten gebräuchlich war. Am vierten Finger sollte er getragen werden, denn von da, so war die Ansicht der Römer, gehe eine Ader zum Herzen, und an der linken Hand, denn die sei dem Herzen am nächsten — und selbst das alles ist bis auf unsere Tage ein durch Alter geheiligter Gebrauch, wenngleich die Heilkunde schon längst die Nichtigkeit des Motives nachgewiesen hat. —

Nur das nüchternste Volk der Welt — die Holländer — haben meist keine Trauringe.

―――――

Noch tiefgreifender waren die Veränderungen, die in das ganze sociale Leben durch die Kreuzzüge herbeigeführt wurden, und die auch auf die Verhältnisse der Frauen und die Ehe überhaupt nicht ohne nachhaltigen Einfluß blieben. Ganze Völker strömten zu gleichem Zweck zusammen, durch den Ruf des Papstes und den christlichen Glauben vereinigt, jedes der Ausdruck einer bisher abgeschlossenen Nationalität, jedes bereit geistig zu geben und zu empfangen. Es war — das Bild sei mir gestattet — wie wenn die Gewässer aller Himmelsgegenden sich vereinigten, eine Weile im gleichen Bett dahinbrausten und dann sich trennten, welcher Strom behielt da sein früheres Wasser, welcher Strom hatte nicht gegeben und empfangen?

Und sollte nicht auch der Boden, auf dem die Völkerschaaren sich einigten, die Ruinen der griechischen und römischen Cultur, unter denen sie ihr Feldlager aufschlugen, das phantastische Leben des Morgenlandes auf empfängliche Herzen eingewirkt haben?

Die rohen, ungelenken Krieger wurden glatte Ritter, die geistig gebildeten Frauen — und ich will daran erinnern, daß die Frauen von jeher Träger der Bildung waren, daß selbst ein Wolfram von Eschenbach sein Gedicht nur durch die Feder einer Frau der Nachwelt überliefern konnte — mußten aus dem häuslichen Kreis in das öffentliche bewegte Leben treten, der ehrbar schwerfällige Verkehr der Geschlechter mußte leichtfertigen, feinen Formen weichen, die alte reine Liebe der Minne.

Ich will nicht sagen, daß es eine bewußte Politik der Kirche war, den Hauptströmungen der Zeit Nahrung zu geben, ihnen so den kirchlichen Stempel aufzudrücken, so immer Führer und Mittelpunkt der geistigen Bewegung zu sein; es war ein Instinkt, der sie dazu vermochte, es war auch eine Rückwirkung der geistigen Bewegung selbst.

Die Kirche hatte so das altgermanische Kriegerthum sich dienstbar gemacht, indem sie es zur Christenbekehrung antrieb, sie gab der neu erwachsenden Frauen=

verehrung ein Ideal im Mariencultus. Freilich war der Mariendienst nicht neu; hatte er doch schon in früheren Jahrhunderten überschwengliche, von der Kirche verpönte Aeußernngen gefunden; aber jetzt trat er mit siegender Gewalt hervor, und die Verehrung der himmlischen Frau konnte nicht ohne Rückwirkung auf die Lage der irdischen bleiben.

Es ist nicht meine Absicht, die Geschichte des Minnewesens mit seinen Feinheiten und Ausartungen, mit seiner Innigkeit und Gefühlsspielerei, mit seinem tüchtigen Kerne und seinen Auswüchsen darzustellen.

Das eheliche Verhältniß wurde aber dadurch umgeformt, das Joch der Ehe selbst der Frau erleichtert, aber schließlich denn auch so abgeschwächt, daß es nur lose noch hielt und morsch und untüchtig wurde. Die Ehen wurden allgemach feiner, aber sie wurden auch allmählich schlechter, den Frauen im Ganzen wurde eine steigende Hochachtung gezollt, aber die einzelnen machten sich häufig selbst der früher erzeigten unwürdig; die Frauen liebten mehr und wurden mehr geliebt, aber man kam schließlich dahin, auch Frauen Anderer zu lieben, und Ulrich von Lichtenstein, das Prototyp des ausgearteten Minnedienstes, zieht auf lange Monde zur Geliebten und geht dann zu der nicht ungeliebten Gattin, die ihn freundlich empfängt, als verstünde sich das Alles von selbst.

Die Novellenliteratur des zwölften und dreizehnten Jahrhunderts mag meine Bemerkungen vervollständigen.

Lange aber fand eine solche Auffassung der Ehe in Deutschland keine Statt, und als die Sonne der Hohenstaufen mit all der Poesie und Bildung, die sie befruchtend hervorgezaubert hatte, unterging, als die Sänger nicht mehr in Wettkämpfen um die Gunst der Fürsten und Frauen buhlten, sondern die Harfe dem Schwerte gewichen war, da traten auch die Frauen von jener künstlich gemachten, schwindelnden Höhe herab und wurden wieder ehrsame Weiber und Hausfrauen, wie sie es vordem gewesen.

Ich werde mich jetzt zur Form der Eheschließung wenden und dabei auch den Act der priesterlichen Einsegnung in den Kreis unserer Betrachtung ziehen, um Sie so an die Grenzen der parlamentarischen Kampfplätze und Streite der Neuzeit zu führen.

Ich habe schon vorhin als das Wesentliche bei der Eheschließung den Brautkauf bezeichnet, wie er sich im Laufe der Zeit gestaltet hatte, d. h. daß symbolisch ein Scheinkauf vorgenommen, und daß der Braut selbst vom Bräutigam eine Art Mitgift bestellt wurde. Fügen Sie da noch die Uebergabe der Frau und der Vormundschaft über sie an den Bräutigam hinzu, die sich öffentlich in der Gerichtsstätte — im mallum — vollzog — daher der Ausdruck „Gemahl" — und die Ehe war geschlossen. Wenigstens wo, und so lange man von kirchlicher Trauung nichts wußte, bestand zwischen Verlöbniß und Vermählung kein rechtlicher Unterschied.

Die Form aber, in der die Ueberlieferung der Frau vor sich ging, war einfach und natürlich.

Ein Freiwerber, oder, wie er auch hieß, „Fürsprecher", erforschte den Sinn der beiden Brautleute, ließ sie ihre Einwilligung austauschen, vollzog den Kauf und übergab die Braut.

Die Gesetze der Zeit schweigen über die Art der Eheschließung; wollten wir unsere Kenntniß aus ihnen allein schöpfen, so würden wir unsern Bericht fast schließen müssen.

Oeffentlich sollten die Ehen eingegangen werden, das fordern sie alle, aber damit begnügten sich die weltlichen Gesetzgeber bei einer Materie, die zur eigensten Domäne der Kirche gerechnet wurde.

Die kirchlichen Bestimmungen aber, so zahlreich sie sind — ich werde nachher ihren Kern kurz andeuten — geben uns kein Bild des wahren Lebens, sondern nur Forderungen der christlichen Religion und der kirchlichen Sittlichkeit, und meist unerfüllte.

Nur die Poesie, die Gedichte des Mittelalters lassen uns Blicke in das Leben unserer Vorvordern thun, und sie lassen wir reden.

So wird uns im Meier Helmbrecht die Vermählung des Räubers Lämmersschlind mit Gottlinden, einer Bauerndirne, geschildert:

„Auf stund ein alter Greise,
Der war der Worte weise,
Der kündete so gescheh'nes Ding.
Er stellte sie beide in einen Ring.
Er sprach zu Lemberslinde,
Wollt ihr Gottlinde
Ehelich nehmen, so sprechet Ja.
Gerne, sprach der Knabe da.
Er fragte ihn aber zur andern Stund,
Gerne, sprach des Knaben Mund.
Zum dritten Male er da sprach:
Nehmt ihr sie gerne? Der Knabe sagt:
So mir Seele und Leib,
Ich nehme gerne dieses Weib.
Da sprach er zu Gottlinde:
Wollt ihr Lemberslinde
Gerne nehmen zu einem Mann?
Ja Herr, wenn's mit Gott sein kann.
Nehmt ihr ihn gerne? sprach wieder er;
Gerne, Herr, gebt mirn her!
Zum dritten Male, wollt ihr'n?
Gerne, Herr, nun gebt mir'n.
Da gab er Gotelinde
Zu Weibe Lemberslinde,
Und gab Lemberslinde
Zu Manne Gotelinde.
Sie sangen alle auf der Statt,
Auf den Fuß er ihr trat."

Ich will nur eine Erklärung des letzten Verses: „Auf den Fuß er ihr trat" hinzufügen.

Es war das nämlich ein Zeichen der Besitzergreifung, gleichwie man das gekaufte Haus, das gekaufte Feld betrat und sich zu eigen erklärte. Noch heute ist auf dem Lande hie und da der Glaube verbreitet, daß die Braut, die während der Trauung ihren Fuß auf den des Bräutigams setze, die Herrschaft in der Ehe habe. — Sollte nicht hierin eine Erklärung für den Pantoffel der gebietenden Ehefrau liegen?

So aber, wie hier, wird auch im Nibelungenliede die Ehe Siegfriedens mit Chriemhilden geschlossen:

„Man hieß sie mit einander zum Ring treten heran;
Man fragte, ob sie gerne wollte den viel waiblichen Mann.
In magdlichen Züchten schämte sie sich ein Theil,
Doch war es zum Glücke und Siegfriedens Heil,
Daß sie ihn nicht verschmähte allsogleich zur Hand.
Auch verlobte sie sich zum Weibe der edle König von Niederland.
Da er sie gelobte und auch ihn die Maid,
Freundlich zu umfahen war da viel bereit,
Sigfried mit den Armen die Jungfrau wohlgethan.
Geküßt vor vielen Helden ward die schöne Kriemhild dann."

Nirgends in diesen Beispielen finden wir von kirchlicher Trauung auch nur eine Spur.

Gab es aber eine solche überhaupt zu jener Zeit, oder wurde sie von der Kirche als unumgänglich noth= wendig gefordert?

Es ist nicht zu bezweifeln, daß die Kirche nie unterlassen hat, auf die priesterliche Mitwirkung bei der Eheschließung als löblich und heilbringend hinzu= weisen, daß sie seit dem Jahre 1215 auch die früher im Frankenreiche gebräuchlichen Aufgebote allgemein beobachtet wissen wollte; aber eben so wenig ist zu bezweifeln, daß sie bis zu den Zeiten des großen Trienter Concils, also bis in die Mitte des sechs=

zehnten Jahrhunderts, auch die Ehen, die ohne Mitwirkung des Priesters geschlossen wurden, als rechtmäßig und gültig anerkannte, wenn sie auch Bußen für die unkirchlichen Eheleute aussprach.

Das Volk in Deutschland aber hielt zäh an den ererbten Gebräuchen fest, und während in den nordischen Reichen früh der kirchliche Einfluß Raum gewonnen zu haben scheint, ertönen in Deutschland beständig die Klagen der Kirchen-Concilien über die unkirchlich geschlossenen Ehen, und noch im vierzehnten Jahrhundert schreibt das Jülichsche Ritterrecht mit dürren Worten vor:

„Wann ein Mann von Ritterschaft ein Weib nehmen will, so mag sie zusammen geben ein Laie vor den Leuten offenbarlich. Das weisen die Ritterschaft und Schöffen von Upladen, das sei eine rechte Ehe unter der Ritterschaft und eine alte Gewohnheit."

Erst im zwölften Jahrhundert fingen die höheren Stände an, sich den Forderungen der Kirche zu fügen, und kirchliche Eheschließung galt bei ihnen als wohl anständig.

So tritt in Heinrich von Freibergs Tristan der Bischof zur Trauung unter die fröhlich Tanzenden.

Und in Gottfried von Straßburgs Tristan und Isolde heißt es:

„So richt uns, Herr, von freien Stücken,
Eine schöne Hochzeit an.
Vor Verwandten und dem ganzen Bann

Empfangt sie öffentlich zur Ehe.
Und noch zuvor, eh' das geschehe,
Nehmt in der Kirche sie zur Frauen,
Daß es Lain und Pfaffen schauen,
Wo es Christenbrauch begehrt:
Damit wird euer Heil gemehrt,
Daß euch in allen Dingen
Desto besser muß gelingen,
Es schafft euch Ehr und Glück ins Haus."

Nur das niedere Volk, die Bauern, pflegten die Ehefeier noch nach altem Brauch zu begehen und sich erst am Tage nach der Hochzeit den kirchlichen Segen zu erbitten.

Doch findet bei der Schilderung einer Bauernehe aus dem vierzehnten Jahrhundert der Dichter schon für nöthig, ganz besonders auf das Fehlen der „schuoler" und Pfaffen, der Chorknaben und Priester hinzuweisen.

„Nu schweiget alt und jung,
Sprach der weise Neobunc,
Bez du bist ein grab man,
Willst du Mezen zu der Ehe han?
Er sprach: ja, will sie mich.
Neobunc sprach, Metze sprich:
Willst du Bezen haben zu der Eh'?
Sie schwieg. Er forschte aber meh.
Ja, heißet mich's mein' Mutter!
Neobunc sprach: sie thut dir
Nichts darum, das glaube mir.
Also nach ihr beider gier
Ward ihnen die Ehe geschaffen,
Ohn' Schüler und ohn' Pfaffen."

Jetzt aber wollen wir noch einer Hochzeit selbst beiwohnen. Nicht in das glänzende Gepränge der höfischen Ehefeier mit ihren Turnieren, Festzügen und Ritterschlägen wollen wir uns eindrängen, nicht an den ländlichen Hochzeitsspielen mit ihrer Art und Unart theilnehmen, wir wollen in die ummauerten Städte gehen, uns durch die engen winklichen Straßen, in denen Gewerbfleiß und Kunst ihre Stätte aufgeschlagen haben, zu dem Hochzeitshause winden, wir wollen uns zu Gast laden bei der bürgerlichen Hochzeit des späteren deutschen Mittelalters.

Die Verlobung ist schon längst vorbei. Der Vater des Bräutigams hat nach Brauch und Recht den Vater der Braut um seine Tochter begrüßt zur Eheliebsten für seinen Sohn; das Mädchen hat erröthend ihr „Ja" genickt, die Väter haben den Bund geschlossen, ein Trunk guten Weines hat ihn unter den Alten besiegelt, unter den Jungen ein ehrbarer Kuß.

Dann war es im Hause der Braut an ein Nähen und Schneidern gegangen. Die Freundinnen und Gespielinnen halfen. Da wurde der Rock genäht mit der zierlich gefälteten Schleppe, genau gemessen der Länge nach, denn die gestrenge Polizei war unbarmherzig. Da wurde das Linnen aus der Truhe hervorgeholt, von jeher ein Stolz der deutschen Hausfrau, da wurde auch das Brautkleid gefertigt, aus fremdländischem Sammt, meist weiß, mit Gold künstlich gestickt, je nach dem Stande der Braut, wie der hochweise Rath es gestattete.

Und als nun der Tag der Hochzeit sich näherte, als die Aufgebote in der Kirche vergeblich Mannen und Weiber aufgefordert hatten, zu sagen frank und frei, was sie der Ehe Hinderliches wüßten, da wurde die Unruhe im Hause der Braut groß und größer.

Die kunstreichen Handwerker kamen um die Hochzeitskleider zu fertigen; die Zunftgenossen des Hans Sachs um die Schuhe zu bringen, fein gearbeitet von Seide und Corduan, gestickt auf das Sauberste mit Gold. Den reichen Bräuten brachte der Künstler den zierlichen Dupfing, den aus kostbaren Metallplatten bestehenden Gürtel, der mit Glöckchen und Schellen versehen war. Wenn dann die Braut einherschritt, so tönte es lieblich; minder reiche mußten sich freilich mit goldener Kette oder beschlagenem Seidenbande genügen lassen, so wollte es das Gebot der Obrigkeit. Der Täschner lieferte die am Gürtel hängende lederne Tasche, die fein gestickt war: mit Spindel und Schlüssel das Symbol der Hausfrau.

Es nahten sich auch die feierlich geputzten Hochzeitsbitter, mit ihren bekannten Sprüchen. Wenn sie von denen den Anfang sagten, so konnte eigentlich jeder fortfahren; waren doch damit schon Eltern und Großeltern geladen worden; es kannten sie alle. Sie brachten auch einen hochzeitsmäßigen, guten Durst mit, doch in späteren Zeiten polizeilich normirt. Nur ein bestimmtes Maß Wein durften sie bekommen; auf ein Mehr stand harte Strafe.

Es wurde ihnen dann gesagt, wer alles zu laden wäre. Voran die Brautjungfern und Brautführer, die wichtigsten Personen. Alles in vorgeschriebener, in erlaubter Zahl. Behend zerstreuten sie sich durch die Straßen der alten Stadt, fröhlich fröhliche Botschaft bringend, und wo sie hinkamen erhielten sie Speise und Trank von den Geladenen. Auch nach Auswärts gingen Boten mit Einladungen, denn Posten gab es noch nicht.

Der Spielgraf meldete sich, der Anführer der Stadtpfeifer, der durch die Künste seiner Leute die Lust erhöhen sollte. Zu reichen Leuten wurde auch wohl der Aelteste der Paukerzunft entboten um an dem feierlichen Tage mit Kraft die Pauken zu rühren, die Trompeten ertönen zu lassen. War doch die Musik um so schöner, je lauter sie war.

Endlich war der ersehnte Hochzeitstag da. Schon am Tage vorher hatte vielleicht eine kleine Feier stattgefunden. Nicht mehr als sechsundzwanzig Jungfrauen sollte die Braut in Lübeck dazu laden, nicht länger als bis zwei Uhr Mittags sollte der Tanz dauern. — Einen Polterabend gab es nicht.

Früh des Morgens schon versammelte Braut und Bräutigam, jeder in seinem Hause, die Freunde und Gespielen um sich.

Feierlich bewirthet wurden sie mit Speise und Trank, soweit der Rath das wieder gestattete.

Dann ordnete sich der Zug vor dem Hause des Bräutigams. Voran die nie fehlenden Spielleute, dann der Bräutigam im Ehrenkleid, die Führer zur Seite, hinterher die Freunde, — und unter fröhlichen Weisen der Musik näherte er sich dem Hause der Braut.

Früher war nun wohl gebräuchlich gewesen — und auf dem Lande blieb das bis spät ins achtzehnte Jahrhundert hinein Sitte daß der Bräutigam jetzt noch einmal feierlich um seine Braut anhalte; in den Städten aber war das schon gegen Ende des fünfzehnten Jahrhunderts fast abgekommen.

Im Hochzeitshause begrüßten sich Braut und Bräutigam stumm, so wollte es die Sitte der Zeit. Die Braut stand dicht umringt von ihren Jungfrauen, den Kranz auf dem Haupte, das Haar zierlich aufgebunden, welches früher frei von ihren Schultern herunter gefallen war.

Bald tönten von der Pfarrkirche die Glocken voll und gewichtig durch die Straßen, die Bürger erinnernd, daß ein neuer Hausstand begründet werde, daß zwei Bewohner der Stadt sich zusammenthäten zum ehelichen Bund.

Es war das auch das Zeichen des Aufbruchs für den Hochzeitszug. Voran schritt wieder die Musik, dann kam die Braut mit ihren Jungfern und ihrer Sippe, hinterher erst der Bräutigam mit seiner Freundschaft; den Zug auf und ab liefen eiligen Schrittes die Spaßmacher, die Gaukler, um den ehrbar einherschreitenden Männern ein Lächeln, den Frauen ein Erröthen, dem umstehenden Volk ein Jauchzen abzugewinnen.

Vor der Kirchthür macht der Zug Halt. Dort steht schon der Geistliche im Ornat, Braut und Bräutigam treten vor ihn hin, und mit lauter Stimme gebietet er Ruhe. Das ist aber auch sehr nöthig, denn die Spaßmacher sehen mehr auf ihr Gewerbe, als auf den Ernst der heiligen Handlung.

Noch einmal verkündet jetzt der Priester dem versammelten Volk, daß hier eine Ehe geschlossen werden solle. Er forscht nach der Einwilligung der Brautleute, er läßt sie die Ringe, die Unterpfänder der ehelichen Treue austauschen, er erklärt den Bund für eine Ehe und segnet ihn.

Der ganze Zug geht dann, den Priester voran, in die Kirche hinein, und Braut und Bräutigam genießen das Abendmahl: damit ist die kirchliche Feier beendet.

In derselben Ordnung, wie er gekommen, begiebt sich der Zug jetzt feierlich nach dem Hochzeitshause zurück oder gar nach dem Rathhause, nur daß Braut und Bräutigam jetzt neben einander gehen; während auf dem Lande wohl die jungen Ehegatten mit Prügeln aus der Kirche getrieben wurden, damit sie gedenk sein sollten der so eben vollzogenen heiligen Handlung.

Zu Hause aber war die Tafel gedeckt, die Gäste saßen in bunter Mischung nieder, Frauen und

Männer durcheinander — was früher für unpassend erachtet war — und aßen und tranken zu Ehren des jungen Paares. Und wollen Sie auch wissen, was gegessen wurde?

„Auf einem yden tisch, so war die Vorschrift in Nürnberg, mag man einen gepraten Koppawn geben, un ob das were das yemant auff den selben tag nit fleisch esse, den selben personen mog man ein essen oder zwey von fischen bescheidentlich geben on geverde." — Reh= oder Pfauenbraten war streng verboten.

Auch sollte man seinen guten Freunden, die alle zu laden ja nicht vergönnt war, keinen Leckerbissen in das Haus senden dürfen, „ausgenommen dem Turmer auf dem turm der pfarrkyrchen in der die hochzeyt eingeleytet wurde, mag man geben ein viertel francken wein."

Um die Tische gingen die Räthsel=, die Spruch= sprecher, belohnt von dem Lachen der Gesellschaft, bisweilen auch durch einen tüchtigen, gutgemeinten Schlag, der nicht verübelt wurde; doch sahen sie ein Ehren= geschenk lieber.

Später kamen auch Schauspieler und Gaukler. Dann entfernten sich dem Gebote der Kirche zufolge die anwesenden Geistlichen.

Nach der Tafel, während welcher wohl schon die Braut ihre Haare sittsam unter der fraulichen Haube verborgen hatte, setzten sich die jungen Eheleute zu=

sammen, um die Hochzeitsgeschenke in Empfang zu nehmen, die nach Stand und Art der Gäste gewährt wurden, und dann begann der zierliche Reihentanz, den Braut und Bräutigam meist eröffneten und den mit der Braut zu tanzen eine hohe, gesuchte Ehre war.

Dazu waren alle Freunde des jungen Paares geladen, „denn man mag auch nach dem Tisch zum tanz .... laden, so sagt die Nürnbergische Hochzeitsordnung, wen man will, doch also, dass man nichts anders zu essen oder zu trinken geben sol, dann obs, und confeckt und franckenwein, Reinisch wein oder anderen."

Erst spät zerstreute sich die fröhliche Schaar nach Hause, nicht ohne vorher den aufwartenden Dienern das Trink- oder Kuchengeld gegeben zu haben; einem jeden höchstens zwei Pfennige, wie der Nürnberger Rath bestimmte.

Das in Frankreich bis ins fünfzehnte Jahrhundert herrschende Unwesen des Charivari scheint aber in Deutschland nicht üblich gewesen zu sein.

Hatte dort eine Wittwe sich verheirathet, so zog des Abends die ganze unverheirathete Mannschaft des Orts vor ihr Haus, mit Larven vor dem Gesicht, bewaffnet mit Kesseln, blechernem und kupfernem Geschirr. Damit machten sie eine übel tönende, Mark und Bein durchdringende Musik, die sie nur beendeten, wenn sie aus dem Hochzeitshause die üblichen Geschenke und namentlich den gewünschten Trunk erhalten hatten.

Das ist das Urbild der aus dem Jahre 1848 wohl bekannten Katzenmusiken.

Am andern Morgen begann die Feier von neuem: zum „Ayerkuchen" — auch Fladen und Speckkuchen war gestattet — luden die jungen Eheleute ihre Freunde, und wenn auch die alte Zeit keine Vorhochzeiten kannte, so blühten doch die Nachhochzeiten um so mehr; oft eine ganze Woche dauerten sie. — Am nächsten Sonntag aber begab sich das neue Paar feierlich in die Kirche und wohnte zum ersten Mal gemeinsam dem Gottesdienst bei; darüber stellten die Magistrate Zeugnisse aus, die als Beweis der Ehe dienten, — denn Kirchenbücher gab es noch nicht.

Und dann war der Ehestand fest begründet, dann fühlte der Mann sich unter den verheiratheten Männern als seines Gleichen; er schritt stolzer einher; war er doch eigentlich jetzt erst Vollbürger geworden, mit eigenem Hausstand, vielleicht der Ahnherr eines blühenden, strebsamen Geschlechts.

Die Frau aber schaffte und wirkte im Kreise ihrer Häuslichkeit, die Genossin des Mannes in Glück und Unglück, ihm herzlich und treu ergeben.

„Ein Leib, zwei Seelen, ein Mund ein Mut,
Die Treue rein und in der Keuschheit fester
Hut;
Hier zwei, da zwei und eins doch nur in steter
Treue ganz!
Wo Lieb' mit Liebe so mag sein,

Da steigt das Silber nicht noch Gold und
 Edelstein.
Ob solches Paares Lust, die zu uns spricht
 im Augenglanz.
Und wenn die Minne so die Herzen bindet,
Daß man die beiden unter einer Decke findet,
Und Arm und Arm sich fest umschließt,
Das mag wol sein der Freude Wonne.
Dem dies geschieht wird höchste Lust zum Lohne
Und Gottes Gunst sein glücklich Herz genießt."
So singt der Minnesänger Reimar von Zweter von der Ehe. So war Ehe und Eheschließung im deutschen Mittelalter.

Eheschließung und Ehescheidung in England und Schottland.

Vortrag gehalten am 5. März 1864 im wissenschaftlichen Verein.

Bei den Fragen, welche das Staatswesen berühren, sind wir gewöhnt, unsere Blicke nach England zu wenden.

Sei es, daß der zähe Charakter des englischen Volkes, sei es, daß der selbstbewußte brittische Stolz vor Verkümmerung einheimischen Rechts durch fremdländischen Einfluß schützte: in keinem anderen Lande hat eine so regelmäßige Entwickelung der Rechtsideen stattgefunden, wie in England, kein Volk läßt in seinen heutigen Institutionen noch so deren urthümlichen Keim durchblicken, wie das englische.

Es ist gleichsam, als ob das Meer, welches die brittischen Inseln vom deutschen Festlande trennt, auch die Deutschen, welche der Sturm der Völkerwanderung auf jenes Eiland geworfen hat, von jeder Verbindung mit ihren Stammesbrüdern abgeschnitten, als ob das englische Recht, wie die Felsen der vaterländischen Küste, jedes Anprallen fremder Ideen zurückgewiesen habe, welche das deutsche Land widerstandslos überschwemmten.

Aber selbst wenn das nicht wäre, wenn wir auch nicht das deutsche Recht beim brittischen Volke in reinerer, ungetrübterer Gestalt antreffen würden, als häufig bei uns, so mag doch eine Betrachtung der englischen Verhältnisse nicht ungeeignet erscheinen.

In unserem Jahrhundert hat die geistesverwandte englische Literatur der französischen eine Spanne Bodens nach der anderen abgewonnen, ein Bild des englischen Lebens schwebt, wenn auch in unbestimmten Zügen, jedem Gebildeten unserer Nation vor: da mag es mir vergönnt sein, indem ich die Grundlage des socialen Lebens, die Ehe zu schildern unternehme, vom Standpunkte des Rechts und der Geschichte aus, dies Bild zu fixiren, zu ergänzen, zu erläutern. —

Das älteste Recht der englischen Eheschließung unterscheidet sich in Nichts von dem, welches wir in unsern Landen zur Zeit des Mittelalters vorfinden.

Wie bei uns hatte der Vater eine unbeschränkte Gewalt über seine Tochter, wie bei uns konnte er sie dem strengen Rechte nach tödten und verkaufen.

Das Erstere geschah wohl nie — denn davor hütete der sittigende Einfluß der christlichen Kirche — das Andere aber, der Verkauf der Tochter, ging eigentlich bei jeder Eheschließung vor sich.

Denn wer eine Frau heimführen wollte, mußte ihrem Gewalthaber eine Entschädigung gewähren für die Einbuße von Nutzen und Arbeit, die sein Hausſtand erlitt dadurch, daß ſein Kind den väterlichen Hof verließ, um im fremden Hauſe zu wirken und zu ſchaffen. — Der Mann mußte ſich die Ehefrau erkaufen.

Das ſind die rohen Elemente des urſprünglichen Eheſchließungsrechts, wie wir es bei allen Völkern, ſei es der antiken, ſei es der modernen Cultur an= treffen. Wie der Grieche zur Zeit Homers, wie der Römer zur Zeit der Republik, ſo kaufte der Deutſche, der Angelſachſe im Zeitalter der Völkerwanderung die Gattin.

Freilich tritt uns dies Recht in der ſo geſchilder= ten Form in keinem geſchichtlichen Denkmal der angel= ſächſiſchen Zeit entgegen; aber eben aus der Gleich= artigkeit, welche in dieſer Beziehung bei allen Völ= kern herrſchte, können wir auch für England einen ſicheren Rückſchluß thun, zumal da auch das ſpätere Recht nur als eine durch die wachſende Cultur be= wirkte Umformung des früheren erſcheint.

Man erachtete es einer freien Frau unwürdig, der Sklavin gleich um ſchnödes Geld verkauft zu werden, man gewöhnte ſich an die edlere Auffaſſung, daß nicht die Perſon der Frau als Waare in dem Rechtsgeſchäft figurire, ſondern nur die Gewalt, welche der Vater beſaß, und deren der Ehemann bedurfte, übertragen wurde.

Fragen wir aber, wie eine ſolche Ehe vor ſich ging, ſo geſtatten die erhaltenen Quellen ein treues

Bild zu entwerfen, ein Bild, welches uns die englischen Gebräuche bis ins siebzehnte Jahrhundert hinein kennen lehrt, und für das niedere Volk noch heute vielfach Geltung hat.

Hatte ein Jüngling sich ein Mädchen erwählt, so bat er einen Freund, bei den Eltern für ihn die Werbung zu thun. Festlich geschmückt ging dieser dann in das Haus der Braut, frank und frei trug er dem Vater das Anliegen vor, und die Sitte war noch nicht so zartfühlend, daß nicht auch gleich über die Anordnung der vermögensrechtlichen Verhältnisse bindende Verabredung getroffen wäre, daß nicht der Vater mit sorglicher Vorsicht die Gaben festgesetzt hatte, die ihm — und wie es statt dessen später üblich war — die seiner Tochter zu gewähren seien, und daß nicht endlich der Freiwerber sich auch nach der Mitgift erkundigt hätte, welche die Frau seinem Freunde in's Haus bringen werde.

Wurde nun das Mädchen selbst um seine Einwilligung gefragt? Ich muß das für die ältesten Zeiten eben so bestimmt verneinen, wie ich es für die späteren Jahrhunderte bejahen kann.

Dennoch kam ihr darum die Werbung selbst wohl selten unerwartet. Gab es doch in jenen Zeiten der Mittel mancherlei, wie sie auch heute, Jahrhunderte später, dem Volke noch wohl bekannt sind, mit denen ein jedes Mädchen, falls sie in ein gewisses Alter gekommen war, genau zu erfahren strebte, wer sie dereinst heimführen werde.

Die Eine hatte auf der Hochzeit ihrer Freundin ein Stück von dem Kuchen, der über dem Haupte der Braut zerbrochen wurde, des Nachts unter das Kopfkissen gelegt. Wer in dem Traume dieser Nacht erscheinen würde, der mußte sie heirathen. Die Andere hatte eine Schote mit neun Erbsen unter der Schwelle des Hauses verborgen: der Erste, der eintrat, mußte ihr Gatte werden.

Freilich tadelte sie wohl der Geistliche im Beichtstuhl, daß sie dergleichen abergläubische Gebräuche triebe; aber was versteht der ehelose Priester, meinte die Gescholtene, von solchen Dingen, und eintreffen muß es doch.

War sie nun schon früher mit dem ihr Bestimmten bekannt geworden — und hier mag das strenge Recht, welches zuerst die Einwilligung des Vaters verlangte, häufig genug durchbrochen worden sein — so hatte sie ihm ein äußeres Zeichen des Einverständnisses gegeben, welches ihn an das geknüpfte Band erinnern, den anderen Leuten dasselbe anzeigen sollte, doch ohne an der Person der Erwählten zum Verräther zu werden. Zur Zeit der Königin Elisabeth bestand das Geschenk meist in einem seidenen, mit Gold und Silber durchwirkten Tüchlein, welches in der Art der Kokarden von dem Verlobten am Hute getragen wurde. „Einige kosten 6 pence, andere 12, die besten 16", sagt der Chronist.

Noch gebräuchlicher war es, daß das Paar ein Geldstück, ein Neunpencestück zerbrach, und die Stücke als Pfänder der Treue aufbewahrte: wie diese an einander paßten, so wollten sie sich auch vereinen.

So bricht in einer alten Komödie Young Bateman mit seiner Geliebten Anna das Geldstück. Er zieht dann in den Krieg und zurückgekehrt findet er seine Braut als Gattin eines Anderen. Der harte Wille des Vaters hatte ihren Widerstand bezwungen. Klagend bricht er in die Worte aus:

„Ich weiß, du bist mein eigen, theure Anna,
Der Himmel hat den Schwur von uns gehört, auf Erden
Muß jetzt erfüllt er werden — ja er ist es schon,
Als wir zum Pfand uns gaben ein Stück Gold,
Als wir das brachen, schwur'n wir Beide,
Im Leben und im Tode zu bleiben bei einander;
Und so laß uns jetzt thun, des Vaters Groll mißachtend."

War das Jawort förmlich gegeben, so wurde die Verlobung gefeiert. Braut und Bräutigam luden ihre Freunde ein; ein älteres Mitglied der Familie ließ das Paar vor sich treten und die Hände ineinander legen; er fragte, ob sie sich zur Ehe haben wollten, treu und redlich bei einander in Glück und Unglück verharren; und laut und vernehmlich antworteten sie und gaben ihre Einwilligung. Dann wurde ein Becher Weins gebracht, denn ein Trunk mußte jedes rechtliche Geschäft bekräftigen. Ich trinke dir,

meinem Weibe, zu, sagte der Mann; ich trinke auf
dein, meines Ehemannes Wohl, antwortete Bescheid
thuend die Frau; der Becher wurde geleert, eine
Gabe ausgetauscht, ein Kuß gegeben — und die
Verbindung war rechtlich geschlossen.

Auch Ringe wurden wohl gewechselt; doch ist dies
altrömische Symbol erst durch den Einfluß der Kirche
in Aufnahme gekommen. In der angelsächsischen Zeit
wird der Ehering nur einmal erwähnt, in einer auch
von neueren Dichtern behandelten Sage *), daß ein
Marmorbild, eine Venus, den ihr im leichtsinnigen
Scherz von einem jungen Gatten an den Finger ge=
steckten Trauring festhielt, und so den Unglücklichen
auf ewig fesselte.

Die hier angemerkten Symbole fanden mehr in
der Sitte als im Recht ihre Begründung, sie waren
nicht durchaus nothwendig, aber die Volksansicht meinte
doch, daß ohne sie dem Verlöbniß das rechtlich Bindende verloren gehe.

In einem alten Schauspiele Ben Johnson's be=
klagt sich eine viel umworbene Wittwe, daß Riccardo
sie mit List zum Eheversprechen gebracht habe. „Halt,
halt, ihr bracht kein Geldstück?" fragt ein eifersüch=
tiger Nebenbuhler; „wir brachen Nichts, Herr," ant=
wortete sie. „Ihr trankt euch auch nicht einander
zu?" fragt er weiter; „nicht einen Tropfen, Herr,"

---

*) Franz von Gauby.

entgegnet sie wieder. Da ist er freudig überrascht, denn er weiß, daß der Vertrag keine Kraft haben kann.

Auch bei Shakespeare finden wir die eben geschilderten Verlobungsgebräuche.

In „Was Ihr wollt" sagt der zum Zeugen des Verlöbnisses aufgerufene Priester:

„Ein Bündniß ewigen Vereins der Liebe,
Bestätigt durch in Eins gefaßte Hände,
Bezeugt durch eurer Lippen innigen Druck,
Bekräftigt durch den Wechsel eurer Ringe
Und alle Feierlichkeiten des Vertrags
Versiegelt durch mein Amt mit meinem Zeugniß."

War in dieser Weise die Verlobung, oder wie sie damals genannt wurde, die Handfestung geschehen, so war auch damit die Ehe geschlossen.

Zwar wollte die Kirche, daß die Verlobten nach voraufgegangenem Aufgebot sich den priesterlichen Segen erbitten sollten, und wer gegen ihr Gebot fehlte, den bestrafte sie mit harter Buße — Barfuß, im härenen Gewand, mußte er, eine brennende Kerze in der Hand, an der Kirchthür stehen, ein klägliches Schauspiel der Gemeinde, körperliche Züchtigung sollte er erdulden — aber als Ehe erkannte auch der geistliche Richter eine nicht vom Priester gesegnete Verbindung an. Die kirchliche Trauung war eben nur die öffentliche Bestätigung.

Nur allmählich, und mit Erfolg erst im sechszehnten Jahrhundert gelang es der Kirche, ihre Forderungen durchzusetzen, und die ängstliche Sorgfalt, mit der sie alle bei Handfestungen gebräuchlichen, volks= thümlichen Symbole in den Kreis der kirchlichen Hand= lung übertrug, zeigt, wie eifrig man sich bemühte, das Volk mit einer Eheschließungsform vertrauter zu machen, welche dem sittlichen Gehalt der Ehe ent= sprechender schien.

Hatten sonst die Verlobten einander zugetrunken, so sollte jetzt der Priester dem Bräutigam den Becher reichen, mit heiligem Spruch und kirchlichem Segen, und dieser gab ihn dann der Braut. Hatten sonst die Verlobten zur Bestätigung ihres Bündnisses sich geküßt, so gewährte jetzt der Priester dem Bräuti= gam den Kuß des Friedens, den dieser an die Braut weitergab. — Noch unter der Königin Elisabeth wur= den scharfe Verordnungen getroffen gegen die, welche den Priester zu küssen weigerten. — Hatte der Ver= lobte sonst seiner Geliebten ein Geschenk gegeben, gleichsam ein Symbol des alten Kaufpreises, so steckte jetzt der Bräutigam der Braut, im Namen des Vaters, des Sohnes und des heiligen Geistes, den Ring an den Finger, ja bis zum Jahre 1549 hatte er ihr noch geradezu ein kleines Stück Geld zu geben, wie das noch heute in einigen katholischen Pfarreien Irlands üblich und wesentlich ist. Hatte der Vater endlich der Braut bisher die Verlobten vereint, so sollte er auch das noch in der Kirche thun. Noch nach heutigem englischen Trauritual fragt der Priester, wer die

Brautleute zusammengebe, und der Vater oder ein älterer, männlicher Verwandter giebt die Braut, wie man zu sagen pflegt, weg.

Doch selbst noch zu der Zeit, als das kirchliche Recht in der Sitte des Volkes schon längst eine Stütze gefunden hatte und der allgemeinen Anschauung nur die kirchliche Ehe als vollgültig erschien, noch bis zum Jahre 1753, war in England jede Handfestung ohne Weiteres der Ehe gleich.

Zuerst bequemten sich die höheren Stände, die Fürsten zu der kirchlichen Form, später erst die Uebrigen im Volke, wo aber dieselbe dann Platz gegriffen hatte, wurde der ganze Prunk und die ganze Festlichkeit der Verlobung, wenn auch nicht auf den Akt der kirchlichen Trauung übertragen, so doch bei demselben wiederholt.

Mit Sorgfalt wurde der Tag ausgesucht, an dem die Ehe gesegnet werden sollte. Nicht der Weihnachtstag sollte es sein, denn der bedeute Unglück; nicht im Monat Mai dürfe die Ehe geschlossen werden, meinten Engländer, Deutsche und Franzosen übereinstimmend, wie die alten Römer schon es geglaubt hatten.

Soll ich jetzt ausführlicher schildern, was Sie doch Alle wissen, daß die Braut hochzeitlich geschmückt, daß ihr ein Kranz von Rosmarien in das Haar geflochten wurde, daß sie mit hochzeitlichem Gefolge den blumenbestreuten Weg zur Kirche ging. Wie in Deutschland empfing der Priester das Paar an der Kirchthür

— erst nach dem Jahre 1549 wurde die Trauung innerhalb der Kirche vollzogen — wie in Deutschland segnete er es, wie bei uns folgte fröhliches Mahl und fröhlicher Tanz.

Nur daran mag erinnert werden, daß auch die sogenannten Schenkhochzeiten unserer deutschen Bauern, wo die Gäste die Kosten des Mahles zu tragen haben, in England üblich waren. Noch in einer englischen Zeitung aus dem Jahre 1789 liest man die folgende Hochzeitsanzeige:

„Einladung. Da wir in den Ehestand zu treten beabsichtigen, so laden wir zu dieser Gelegenheit ein, auf den nächsten Donnerstag den 20. September, in unserem eigenen Hause.. wobei die Gunst guter Genossen auf das Höchste geschätzt werden soll. Und was Ihr nur immer uns gütig schenken wollt, wird dankbar angenommen, und bei ähnlicher Gelegenheit erwidert werden von

Euern sehr ergebenen Dienern
William Jones.
Anne Davis."

Eine Nachschrift fügt noch hinzu, daß des jungen Mannes Vater, Stephen Jones, und der jungen Frau Base, für alle jenen an dem genannten Tage gewährte Gunst sich dankbar bezeigen würden.

Eine andere Einladung aus demselben Jahre sucht die Leser durch die Verheißung hoher Genüsse zu be=

stechen. Ein Sattel, zwei Zäume, ein Paar Handschuhe von der Sorte der gands d'amour würden vorhanden sein und ausgespielt werden. Der Gewinner sei sicher, sich in den nächsten zwölf Monaten zu verheirathen. Auch würden Vergnügungen veranstaltet werden, die jeden Kommenden unzweifelhaft fesseln würden.

Wie aber in den Schenkhochzeiten die Gäste die Unkosten der Feier trugen, so war es andererseits auch Sitte, daß die Geladenen von den Brautleuten oder deren Angehörigen beschenkt wurden. Der zur Zeit der Königin Elisabeth lebende berühmte Gelehrte Kelly, der sich freilich durch nüchterne Sparsamkeit nicht gerade ausgezeichnet haben soll, verschenkte nach der Ueberlieferung bei der Hochzeit einer seiner Mägde goldene Ringe im Werthe von ungefähr 27,000 Thalern. Besonders üblich war es, wie noch heute bei uns unter Taufpathen, die Gäste mit Handschuhen zu bedenken.

Die große Revolution unterbrach die hier geschilderte Rechtsentwickelung. Ein Gesetz vom Jahre 1653 verlangte, daß die Ehen vor dem Friedensrichter eingegangen würden, führte die Civilehe ein.

Es entsprach das den Grundsätzen des damals herrschenden Independentismus, der ein geregeltes Kirchenwesen verschmähte, und dem Staate die Ordnung der Ehe zurückgeben wollte, welche nach seiner Auffassung die Kirche ihm widerrechtlich entzogen hätte.

Auch das heidnische Symbol des Trauringes sollte für immer fortfallen.

Bitter waren die Gefühle, mit denen das Gesetz der gefürchteten Regierung in England aufgenommen wurde. Zorn und Satire machten sich in gleicher Weise dagegen geltend. „Der blutige Tyrann Cromwell hat uns zuerst mit der Civilehe bedacht", klagt eine Kirchenbucheintragung jener Zeit; „die goldenen Zeiten sind zurückgekehrt", ruft höhnisch ein Spottgedicht aus; „der neuen Regierung gelten Hängen und Heirathen als nah' verwandt: derselbe Richter amtirt bei beiden."

Kaum hatte Karl II. den Thron seiner Väter bestiegen, so verschwand auch das verhaßte Gesetz, ohne daß es nur einer aufhebenden Maßregel bedurft hätte.

Wenn wir heute das ganze englische Staatsleben von dem Principe der Oeffentlichkeit getragen und durchdrungen sehen, so darf es billig Wunder nehmen, zu hören, daß die Engländer des siebzehnten und achtzehnten Jahrhunderts einen heftigen Widerwillen gegen die Oeffentlichkeit der Eheschließung und namentlich gegen die Aufgebote bezeigten.

„Was würde Mylady Ailesbury sagen", schreibt Horace Walpole im Jahre 1753, „wenn sie dreimal, während dreier Wochen, in der Pfarrkirche aufgeboten werden müßte. Ich glaube sie hätte ihr Wittwenkleid eher Zeitlebens getragen, als solch' eine unverschämte Ceremonie durchgemacht."

Wurde doch im Parlament von vielen Rednern erklärt, daß die öffentliche Eheschließung dem Geiste des englischen Volkes widerstrebe. Jedes Mädchen müsse erröthen, wenn ihre beabsichtigte Heirath in den Mund aller Leute gebracht werde, jeder Bräutigam müsse unwillig werden, wenn man ihn so ohne Noth zum Gegenstande des Gespöttes seiner ehefeindlichen Altersgenossen mache.

In dieser Abneigung ist die Wurzel eines Uebels zu suchen, das zu überwinden die Gesetzgebung auf lange Zeit unvermögend war: aus der Scheu vor der Oeffentlichkeit entsprang das Unwesen der heimlichen Ehen.

Schon im Jahre 1644, hören wir, sind heimliche Ehen in einer Kapelle des Tower geschlossen worden, deren Geistliche von der bischöflichen Aufsicht und Strafgewalt befreit zu sein behaupteten, und seit der Zeit war die Zahl der „gesetzlosen Kirchen" (lawless churches) wie sie genannt wurden, in denen von Aufgeboten nie die Rede war, beständig im Wachsen. Oft wurden in einzelnen dreißig heimliche Ehen an einem Tage eingesegnet, und das noch erhaltene Kirchenregister von St. James Duke's Place zeigt in dem kurzen Zeitraum von 1664—91 die staunenswerthe Zahl von 40,000 ohne Aufgebote erfolgten Verbindungen.

Vor allen Dingen aber erregten damals die Fleet-Ehen, die auch noch in unserem Jahrhundert, in Douglas Jerrolds Komödie, „Tauben im Käfige" (Doves in a cage) eine Darstellung gefunden haben, gerechtes Aufsehen und schweres Aergerniß. Deswegen und weil sie vorzüglich auf den Gang der späteren Gesetzgebung eingewirkt haben, muß ihrer hier gedacht werden.

Der Fleet-Stadttheil in London enthielt ein großes kastellartiges Gebäude, das, wenngleich in seinen Räumen ein Kaffeehaus seine Wirthschaft aufgeschlagen hatte, und weite, freie Spielplätze den Bewohnern Erholung zu bieten schienen, doch wohl eine unheimliche Scheu einzuflößen im Stande war. Es war das Schuldgefängniß, wohin alle Gläubiger aus dem ganzen Reiche ihre bösen Schuldner in Verwahrsam bringen konnten.

Nun gab es aber im lustigen Altengland von diesen eine nicht geringe Zahl, und sie alle wanderten, wenn die Langmuth der Gläubiger erschöpft war, in den Fleet, um dort zu bleiben, bis ein unverhoffter Glücksfall, oder mildthätige Freunde, oder schließlich der Tod sie aus dem Gewahrsam erlöse.

Danach läßt sich leicht ermessen, daß das Gebäude, so groß es auch war, doch unmöglich für Alle ausreichen konnte, die seine Insassen werden sollten.

So bildete sich der Gebrauch, daß die Gefangenen sich in dem das Gefängniß umgebenden, nicht unansehnlichen Stadttheil niederlassen durften, wenn sie nur

Sicherheit gewährten, beim ersten Verlangen sich dem Aufseher zu gestellen.

Es war nun nicht die Pfarrkirche des Fleet, St. Bride's, die zu der Häufigkeit der in jenem Stadttheil geschlossenen heimlichen Ehen Anlaß gab, wenngleich sie auch, wie so manche andere Kirche, das Vorrecht beanspruchte, daß in ihr Ehen ohne Aufgebote einge= gangen werden könnten; es wirkten hier vielmehr ganz andere Umstände ein.

Zu den Bewohnern des Fleet gehörte auch Mancher der karg besoldeten Geistlichen, den die Hartherzigkeit seiner Gläubiger in's Gefängniß geschleppt hatte. Wo= von sollte solch ein Unglücklicher leben, da die Gläu= biger ihn zu erhalten nicht verpflichtet waren? Was konnte ihm, der zu harter körperlicher Arbeit nicht taug= lich war, den die gesittete Welt gewissermaßen geächtet hatte, zur Erwerbsquelle dienen? Sollte er sich etwa zu den Mitgefangenen gesellen, welche das Mitleid der Vorübergehenden durch den kläglichen Ruf: „denkt an die armen Schuldgefangenen" in Anspruch nahmen? — Alle früheren Lebensbande hatte die Gefangenschaft zerrissen, allein den priesterlichen Charakter hatte sie ihm nicht nehmen können. Er war das einzige Besitz= thum des Armen, er mußte den Lebensunterhalt schaffen; und so kam es, daß die Geistlichen des Fleet das Trauen gewissermaßen als Gewerbe zu betreiben an= fingen. Und sie thaten das um so eher, als die Furcht vor Strafe sie kaum zurückschrecken konnte.

Was sollte ihnen auch deswegen widerfahren? Sollte der Bischof sie des Amtes entsetzen? Das hatten sie ja schon verloren, als man sie aus der Pfründe ins Gefängniß geführt hatte. Sollte man sie einsperren? Sie waren Gefangene. Sollte man sie mit Geld büßen? Sie hatten keins.

Vergeblich waren daher auch alle Abmahnungen vor dem Unwesen solcher Fleet=Ehen, die in den Tages= blättern jener Zeit einen mit fast gleichen Worten stets wiederkehrenden Artikel bildeten. Zum deutlichen Beweise, wie fruchtlos die wohlgemeinten Warnungen verhallten, hatten sie beständig von immer neuen dort geschlossenen Verbindungen zu erzählen, und manche Frevel, die dabei verübt wurden, zu berichten.

Denn man darf nicht etwa denken, daß die Fleet= Ehen spärlich oder vereinzelt eingegangen worden wären. Der übel berüchtigte Geistliche John Gayn= ham, der einunddreißig Jahre als Gefangener im Fleet lebte, segnete während dieser Zeit, wie uns urkundlich bezeugt wird, 36,000 Ehen ein, und dabei hatte er noch mit der Konkurrenz unzähliger wirklicher oder fin= girter Amtsbrüder zu kämpfen.

Jene Ehen wurden auch nicht allein in der Kirche vollzogen, sondern das Unwesen artete allmählich so aus, daß jeder Geistliche sich einen eigenen Raum dazu herrichtete, den er durch ein großes Schild den Vor= übergehenden anzuzeigen sich nicht scheute, indem er seine Billigkeit und Redlichkeit rühmte. Wie heute in den Straßen Londons stereotype Gestalten dem eiligen Wanderer Empfehlungen aller möglichen Läden in die Hand drücken, so damals Burschen aus dem Fleet die Adresse jener pflichtvergessenen Geistlichen. Ja soweit ging endlich die Unwürdigkeit des Treibens, daß die Wirthshäuser des Fleet, die aus den auf die Trauung folgenden Schmausereien ihren Vortheil zogen, eigene Hausgeistliche hatten, die sie besoldeten und die bei ihnen trauen mußten. Das wurde denn ebenfalls durch ein großes Schild verkündet; darauf in roher Malerei ein Paar mit verschlungenen Händen, und darunter die lakonische Inschrift: hier kann geheirathet werden.

Noch heute sieht, wer aus dem Westend durch das alte Thor von Temple=Bar in die City geht, in der Fleet=Street gleich an der rechten Hand, der Chancery=Lane gegenüber ein graues, verräuchertes Haus, der Regenbogen, als gutes Wirthshaus wohl bekannt — das ist solch' eine alte Heirathsstätte.

Die heimlichen Ehen gingen aber bald auch über die Grenzen des Fleet hinaus. Sie gehörten zu den täglichen Erscheinungen. War doch selbst ein Lord Kanzler heimlich verheirathet und ein Lord Oberrichter von England. Die Bethörung der Unschuld war das gewöhnliche Thema, welches in der Tagesliteratur, in Balladen und Romanen — ich erinnere nur an Oliver Goldsmith's Vicar of Wakefield — behandelt wurde.

Erst im Jahre 1753 schaffte die Gesetzgebung Abhülfe, erst damals wurde festgesetzt, daß jeder Ehe drei Aufgebote vorangehen müßten, daß sie nur in bestimmten Kirchen eingesegnet werden könnten, daß sie entgegengesetzten Falles nichtig sein sollten; erst damals wurden die Geistlichen mit der harten Strafe einer vierzehnjährigen Deportation bedroht, für jede Ungesetzlichkeit, die sie bei Eheschließungen sich zu Schulden kommen lassen würden.

Aber kaum sollte man es glauben, mit welchem Widerstand dies vom Lord Kanzler Hardwicke entworfene Gesetz im Parlament zu kämpfen hatte, wie energisch der Widerwille des Volkes war, welches dem Hauptgegner der Bill, Charles Fox, dem späteren Marquis of Holland, der freilich seine Ehe selbst im Fleet geschlossen hatte, wo er nur immer sich öffentlich sehen ließ, zum Dank für seinen Widerstand, die Pferde vom Wagen spannte, und welches, einmüthig wie ein Mann, die Kirchen verließ, als das endlich doch durchgegangene Gesetz von den Kanzeln verlesen wurde.

Jene Zähigkeit der brittischen Nation, die ein alt überkommenes Recht nicht durch Experimente gefährden will, die eher zeitweise ein Unkraut wuchern läßt, als daß sie den auf demselben Boden erwachsenen guten Stamm des alten Rechts mit gefährden mag, sträubte sich das Eheschließungsrecht, welches, so weit nur die Geschichte zurückdenken konnte, immer in England geherrscht hatte, zu ändern, weil es einzelne Uebelstände im Gefolge hatte, die andererseits doch auch, so glaubte man wenigstens, durch mannigfache Vortheile aufgewogen werden konnten.

Das war der Grund gewesen, der alle Reformversuche, die seit beinahe einem Jahrhundert fast jedes Jahr das Parlament beschäftigt, beständig hatte scheitern lassen, und der die harten Anfechtungen hervorrief, welche die Hardewicke's Act, wie das neue Gesetz genannt wurde, zu erdulden hatte.

Am 25. März des Jahres 1754 sollte das frühere Recht außer Kraft treten. Noch am Tage vorher wurden in England vielfach heimliche Ehen geschlossen; einzelne Fleet-Geistliche segneten am 24. März über zweihundert Ehen ein; dann aber war wenigstens in England eine heimliche Eheschließung nicht mehr möglich.

Jedoch in den übrigen Theilen des großbrittannischen Reichs, auf den kleinen Inseln, welche die Küste umgeben, in Irland und Schottland, galt nach wie vor das frühere Recht, und diese von der Opposition des Unterhauses durchgebrachte lokale Beschränkung des neuen Gesetzes hatte zur Folge, daß das in England ausgerottete Unwesen der heimlichen Ehen zuerst vorzüglich auf der kleinen Insel Jersey, und dann bis fast auf unsere Tage in Gretna-Green, einem schottischen Dörfchen hart an der englischen Grenze, eine Stätte fand.

Die Gretna-Green-Ehen haben in Achim von Arnim's Erzählung „Die Eheschmiede" eine anmu-

thige Darstellung gefunden; er hat geschichtlich getreu
geschildert, wie unzählige Paare in Gretna=Green
eintrafen, wie an der Dorfschmiede die Inschrift stand,
daß für zehn Guineen die Fremden hier getraut wür=
den, wie dort Ringe und Brautgeschenke feil gehalten
worden seien.

Wir haben nur die rechtliche Seite dieser Erschei=
nung in's Auge zu fassen.

Auf David Paisley, den Grobschmied von Gretna
Green, der zuerst traute, und von dessen Hand es
noch so manchen, orthographisch nicht gerade prunken=
den Trauschein giebt, ist eine lange Reihe von Schmie=
den gefolgt bis auf den heutigen Tag, und diese
Tradition hat die irrthümliche Meinung hervorgerufen,
als ob die Person der Schmiede zum Trauen bevor=
rechtet, oder als ob ihre Mitwirkung zum Abschluß
der Ehe wesentlich gewesen sei.

Das ist jedoch nicht der Fall; vielmehr beruhen
die Gretna=Green=Ehen auf den gewöhnlichen Grund=
sätzen des schottischen Rechts; denn in Schottland ist
noch heut' zu Tage das Recht geltend, welches im
ganzen katholischen Europa bis zum Jahre 1547
herrschte, und welches auch für England erst durch
Lord Hardwicke beseitigt wurde.

Noch heute begründet in Schottland die einfache,
in irgend einer beliebigen Form ausgesprochene Ein=
willigung die Ehe, und darum ist der Schmied nichts

weiter als ein gewöhnlicher Zeuge, der durch jeden anderen ersetzt werden kann.

Anfänglich ging man zu ihm, weil sein Haus das erste des Dorfes, das nächste war, welches ein von England flüchtiges Paar erreichen konnte, und später, weil er dem Vorbilde seiner Vorgänger getreu ein Eheregister zu führen pflegte.

Auch haben nicht blos Schmiede in Gretna=Green getraut; schon der Nachfolger von David Paisley war John Linton, ein Gastwirth, der Besitzer der Gretna=Halle. —

Uebrigens ist vor wenigen Jahren ein Gesetz erlassen worden, welches die Gültigkeit der von Engländern in Gretna=Green und überhaupt in Schottland eingegangenen Ehen von dem Umstande abhängig macht, daß das Paar sich schon einundzwanzig Tage vorher in jenem Lande aufgehalten habe.

Seitdem hat Gretna=Green, wenigstens für England, jede Wichtigkeit verloren.

Kehren wir nach diesem Seitenblicke auf Schottland zu England und zum englischen Eheschließungsrecht zurück!

Die Hardwicke's Act verfehlte nicht auf das ganze Volk einen wohlthätigen Einfluß auszuüben, und die Härte ihrer Vorschriften war hinreichend, alle jene durch die Länge der Zeit erwachsenen, durch die Gewohnheit erstarkten Schäden zu beseitigen, die wir oben zu schildern versucht haben. Jede Bestimmung des Ge=

setzes zeigte, daß sie einem Manne ihre Entstehung verdanke, den eine lange, ruhmvolle Richterlaufbahn nicht nur mit den Uebeln, sondern auch mit deren Heilmitteln vertraut gemacht hatte.

Aber Lord Hardwicke selbst hatte erklären müssen, daß alle seine Pläne und Bestrebungen in dem Gesetz ihre Verwirklichung und ihren Abschluß noch nicht gefunden hätten, daß es den Nachkommen vorbehalten bleiben müsse, da weiter zu arbeiten, wo ihm der Kampf der Parteien einen Halt geboten habe.

Und die Nachkommen haben die Erbschaft des großen Juristen angetreten. Wackere, eifrige, für das Wohl ihres Volkes unermüdliche Männer standen auf; ein Jahr nach dem anderen legten sie ihre Reformvorschläge dem Parlamente vor, und ihre Ausdauer war im Stande, die tiefgewurzelte Abneigung gegen das Neue zu besiegen, die eine so wesentliche Eigenschaft der englischen Gesetzgebung ist.

Vor allem aber forderte ein Theil des Gesetzes zu Aenderungen auf.

Als Lord Hardwicke seine Bill erließ, war die Lage der englischen Katholiken eine ungemein gedrückte. Es schien gewissermaßen, als ob der Geist der blutigen Reaction gegen Andersgläubige, welcher die Regierung der katholischen Maria gekennzeichnet hatte, jetzt auf die Landeskirche übergegangen wäre.

Wer als Protestant zur katholischen Kirche übertrat, war des Hochverrathes schuldig; wer des katho=

lischen Glaubens überführt wurde, durfte kein Amt bekleiden, keine Waffen tragen, in keinem Gerichtshof als Kläger auftreten; er sollte sich ohne besondere Erlaubniß nicht über fünf Meilen von seiner Heimath entfernen und den zehnmeiligen Umkreis der Hauptstadt meiden. Jeder zehnjährige katholische Knabe, der zur anglikanischen Kirche überging, konnte seine sämmtlichen, im alten Glauben verharrenden Anverwandten ohne Weiteres ihrer Güter entsetzen.

Freilich waren das fast alles Vorschriften, die nur auf dem Papiere standen, nach denen Recht zu sprechen englische Richter wohl nie in die Lage gekommen sind. Aber der Geist der Intoleranz, der sie durchzog, fand doch noch in der Hardwicke's Act einen Wiederklang, und das um so mehr, da die Ursache, welche die Regierung zur Beibehaltung jener Maßregeln aufzufordern schien, die Furcht vor der Wiederkehr der mit dem Katholicismus eng verbundenen Stuarts, auch damals noch nicht fortgefallen war.

Die Katholiken, so bestimmte das Gesetz, gleich allen übrigen der englischen Hochkirche nicht Angehörigen, sollten nur von anglikanischen Geistlichen in einer anglikanischen Kirche getraut werden dürfen. Allein die Juden und Quäker wurden ausgenommen.

Die harten Maßregeln gegen protestantische Secten hatten aber schon durch die Revolution des Jahres 1688 ein Ende gefunden, die Lage der Katholiken erhielt im Jahre 1791 eine gründliche Verbesse=

rung: es entsprach dem Geiste der vorgeschrittenen Gesittung, auch ihr Eheschließungsrecht nach den Forderungen der religiösen Duldsamkeit zu bemessen.

So erfolgte denn im Jahre 1836 nach harten Kämpfen auf den Antrag des damaligen wie heutigen Ministers Grafen Russell die Abhülfe in einem Gesetze, welches wesentlich durch die Bemühungen Robert Peels angebahnt war und mit wenigen Abänderungen noch heute gilt.

Danach kann jeder Engländer nach freier Wahl seine Ehe entweder in der Kirche durch den Geistlichen einsegnen lassen, oder aber in civiler Form vor dem mit Führung der Civilstandsregister betrauten weltlichen Beamten eingehen.

Von der Verkündigung der Aufgebote kann jetzt wie früher Dispens ertheilt werden, und es ist so gebräuchlich, diese sogenannte „Licenz" nachzusuchen, der Widerwille gegen die bei uns hergebrachte Oeffentlichkeit der Eheschließung ist in England noch so groß, daß beispielsweise im Jahre 1855 die für die Licenzen gezahlten Gebühren die Summe von 22,613 Pfd. Sterl. erreichten, — für jede Licenz 50 Schillinge — während die für Aufgebote nur 5138 Pfd. Sterl. betrugen.

Die facultative Form der Eheschließung soll sich aber, wie berichtet wird, durchaus bewähren, und es darf wohl hier daran erinnert werden, daß vor wenigen Jahren auch unsere Gesetzgebung den bis jetzt freilich erfolglosen Versuch gemacht hat, jenem Vorgang Englands nachzuahmen.

———

Nachdem wir so durch den Lauf der Jahrhunderte hindurch die wechselnden Gestaltungen des englischen Eheschließungsrechtes verfolgt haben, werden jetzt der anderen Seite des Eherechts, der Ehescheidung, noch einige Worte gewidmet werden dürfen.

Während das schottische Scheiderecht dem unseren entspricht, hat es in England bis auf die neueste Zeit eigentlich gar keine Ehescheidung gegeben.

Jedermann weiß zwar von den sechs Frauen König Heinrichs VIII., von deren drei er nach der gewöhnlichen Meinung geschieden worden sein soll; aber das ist so nicht richtig. Die Ehen des Königs wurden vielmehr — wie auch die meisten anderen Ehen, die man irrthümlich für geschiedene hält — jedes Mal für nichtig erklärt, für ungültig von Anfang an. Das Urtheil lautete nicht, daß die Ehe bis auf den Tag gut gewesen sei, jedoch von jetzt ab, aus einem bestimmten Grunde aufhören solle, sondern der Richter erkannte, daß die Parteien sich eigentlich gar nicht hätten verheirathen können, und daß ihre Verbindung, die nie eine Ehe gewesen sei, getrennt werden müsse.

Freilich hat das Oberhaus als höchster englischer Gerichtshof später gewohnheitsmäßig die Scheidung ausgesprochen, aber das geschah immer nur aus=

nahmsweise, und war durch den Buchstaben des Gesetzes nicht gerechtfertigt.

Erst im Jahre 1857, nachdem die Härten des geltenden Rechtes in vielen Fällen und auch in dem der unglücklichen Schriftstellerin Karoline Norton, grell an's Licht getreten waren, ist ein Gerichtshof für Ehescheidung eingesetzt, erst damals ist ein Scheiderecht erlassen worden, welches, ohne der kirchlichen Gesinnung des Volkes zu nahe zu treten, doch der Noth des Lebens Rechnung zu tragen strebte.

Damit, glaubte man, habe das englische Eherecht einen festen Abschluß gefunden, der die Nothwendigkeit gesetzgeberischer Reformen auf lange Zeit unwahrscheinlich mache, damit habe England einen Vortheil errungen, den zu gewinnen anderen Ländern und nicht zuletzt unserem eigenen Vaterlande noch nicht beschieden sei. Aber im Lauf der Zeit hat sich manche Härte und Unbilligkeit auch des neuen Gesetzes fühlbar gemacht; von maßgebender Seite ist bittere Klage erhoben worden, und die Spalten der Presse haben sich eingehenden Reformvorschlägen erschlossen.

So wird denn auch die englische Gesetzgebung noch einmal all' die schweren Kämpfe durchzustreiten haben, welche im Jahre 1857 das Parlament bewegten; noch einmal wird die gesetzgeberische Arbeit aufzunehmen sein, um das Recht der Eheschließung und Ehescheidung zum endlichen Abschluß zu bringen.